AF252630

RÉPONSE

AMÉDÉE DE GOUVELLO,

AU

Sujet de ses *Vues sur la réorganisation de la France.*

PRIX : 40 CENTIMES.

VANNES

CAUDÉRAN, LIBRAIRE.

—

1871.

RÉPONSE

A M. le Marquis Amédée de Gouvello,

Au sujet de ses *Vues* sur la réorganisation de la France.

----•◦•----

M. le Marquis de Gouvello, ancien diplomate (?), ancien conseiller général, a publié récemment sous ce titre : *Vues sur la réorganisation de la France,* une brochure dans laquelle il malmène de toute sa force le rouage administratif qui chez nous fonctionne depuis près d'un demi-siècle.

Si, bien que n'y ayant aucun intérêt personnel, je me décide à entreprendre la réfutation de cet écrit, ce n'est pas que le rouage en question, malgré les perfectionnements apportés dans son fonctionnement par les divers gouvernements qui se sont succédé, me paraisse parfait, mais bien plutôt parce que les attaques dont il est l'objet m'ont semblé poussées souvent jusqu'au dénigrement, s'appuyant tantôt sur des erreurs matérielles, tantôt sur des opinions plus ou moins hasardées. L'avenir du pays se trouvant directement mis en jeu par les questions de réorganisation, j'ai cru qu'il convenait de ne pas laisser sans réponse les élucubrations d'un homme dont l'ignorance sur ces sortes de matières, et le parti pris semblaient évidents.

M. le Marquis de Gouvello est franchement contre-révolutionnaire. Son but est le rétablissement de la monarchie avec les anciennes provinces.

Il en veut surtout au département qu'il accuse de favoriser les tendances despotiques des gouvernements.

« La division des provinces, dit-il, d'après M. Laferrière,
» (car les citations ne sont pas épargnées dans cette brochure)
» était fondée sur la nature et la configuration des terri-
» toires et même quelquefois sur la permanence des races
» qui avaient fait le fonds de la population seule. » (Page 20).

» Le département, au contraire, ne présente aucune des
» conditions naturelles dont dérivait la province. Réunis-
» sant quelquefois des fragments de provinces, il crée des
» difficultés sans nombre à ceux qui l'administrent, par suite
» des différences de races, de sol, d'usages, d'habitudes.

Cette double assertion ne nous paraît pas rigoureusement exacte. La force n'a été étrangère ni à la formation des provinces ni à leurs agrandissements. Les guerres du moyen-âge en font suffisamment foi.

Aujourd'hui, l'homogénité du département est beaucoup plus complète que ne l'a jamais été celle de la province. Même en Bretagne, où la physionomie des populations a subi le moins de changements, il existe entre les divers départements qui formaient cette province, des différences notables quant aux mœurs, à la langue, aux procédés agricoles. Qui dira depuis combien de temps l'idiôme breton n'est plus usité dans la majeure partie de la péninsule armoricaine ? Les mœurs ne présentent pas moins de contrastes. J'irai plus loin, et je dirai qu'il existe plus de rapports entre les populations de Maine-et-Loire ou de la Vendée et celles de la Loire-Inférieure, qu'entre celles-ci et les populations du Finistère. Il n'est pas jusqu'aux races d'animaux qui ne fournissent un argument contre l'idée d'une commune origine. Ainsi, la race bovine nantaise diffère essentiellement de la race bretonne, par la conformation, la taille et la robe. Il en est de même pour la race chevaline, dans les départements du Finistère et du Morbihan. On trouverait la matière de cent pages avant d'avoir épuisé les points de dissemblance.

L'étude de beaucoup des anciennes provinces conduirait aux mêmes conclusions. D'où il résulte que, le retour à la division en provinces, non-seulement n'est pas nécessaire, mais qu'au contraire il créerait au point de vue administratif, précisément toutes les difficultés dont il a plu à l'auteur de charger le département.

Je suis breton, beaucoup plus peut-être que M. le Marquis de Gouvello, pour qui le Morbihan est tout simplement « le berceau de sa famille », berceau longtemps négligé, mais dans lequel il vient de découvrir, à son tour, un excellent « instrument d'élection », pour me servir de ses expressions. Oui, je suis breton, et n'entends renier aucune portion de notre histoire nationale. Mais je ne veux pas plus cesser d'être de mon siècle, en méconnaissant les évolutions de l'esprit humain, et la nécessité des changements qui en sont la conséquence, au point de vue gouvernemental comme à bien d'autres.

Il est une autre préoccupation très-accusée dans la brochure de M. le Marquis de Gouvello.

« Le département actuel, dit-il, (page 8) même avec une » extension de franchises, est un milieu trop étroit pour les » organisations puissantes ; elles chercheraient toujours un » théâtre plus digne des plus nobles ambitions. » *Encore une citation empruntée à M. Elias Régnault.*

Ce théâtre, il existe, sans qu'il soit besoin de revenir à la province. M. le Marquis de Gouvello en cherche aujourd'hui le chemin ; c'est l'Assemblée nationale. Nous espérons du moins que sa noble ambition étant satisfaite de ce côté, il nous fera grâce de la province, à moins qu'il n'aspire à en devenir gouverneur.

Le département serait-il d'ailleurs bien réellement ce milieu si étroit, qu'on nous dépeint en ces termes : « Les » conseils généraux ne représentent même pas le peu d'exis- » tence intellectuelle qui survit encore dans les départe- » ments. » (Page 8)?

Je n'en crois rien. Outre que l'ancienne monarchie comptait une population beaucoup moindre, le commerce et l'industrie étaient extrêmement loin d'avoir reçu les développements qu'ils ont atteints de nos jours. En sorte que les intérêts dont le soin est aujourd'hui confié aux Préfets et aux Conseils généraux, sont et plus nombreux et plus variés, souvent même plus considérables que ceux dont avaient à s'occuper les anciens Etats provinciaux. J'en excepte toutefois ceux dérivant du Pouvoir Législatif, qu'il ne saurait plus être question d'attribuer à quelque Assemblée que ce soit, en dehors de l'Assemblée nationale, sous peine de détruire l'unité du pays, et cette fusion qui, de l'aveu de l'auteur, a développé et affermi chez nous l'amour de la patrie commune.

Et pourtant je trouve encore à la page 8 cette phrase : « Il n'en serait pas de même si la France possédait des » Assemblées provinciales *où l'on étudierait sérieusement* » *et librement* LA PLUPART *des questions traitées sous de* » *fâcheuses influences depuis près d'un demi-siècle dans* » *nos Chambres.* »

Si cela veut dire que les Assemblées provinciales auraient le pouvoir de légiférer, j'y verrais une opinion anti-française. S'il s'agit d'études au point de vue d'un simple avis à donner, l'idée n'est pas pratique. Elle n'aboutirait qu'à détourner les Assemblées provinciales de leur véritable objet, les intérêts locaux, dans la gestion desquels la souveraineté ne doit pas leur être contestée, et à les lancer dans des discussions sur les questions politiques ou religieuses, qui resteraient fatalement oiseuses, ne pouvant recevoir de solution. La scission ne tarderait pas à se produire. L'on verrait réapparaître ces centres de réaction que M. le Marquis de Gouvello appelle de tous ses vœux (page 23), et qui mettraient sans cesse en péril l'unité nationale. Car si nous n'avons plus à redouter un retour aux pratiques de la féodalité, alors que les ducs et les comtes s'alliaient contre le roi aux ennemis de la France, nous serions du moins exposés à voir quelque nouvelle édition de la Fronde, de la Ligue, ou de la chouannerie, ce qui ne serait pas beaucoup plus gai.

Continuons les citations :

« Le Gouvernement lui-même, reconnaissant de fait la
» faiblesse de la division départementale est revenu tacite-
» ment et maladroitement au système provincial, lorsqu'il a
» divisé la France en académies, en provinces judiciaires,
» en divisions militaires, en régions agricoles, en conserva-
» tions forestières. Il l'a fait maladroitement, parce que,
» dans cette opération, il n'a tenu compte ni des traditions,
» ni des besoins, ni des analogies. » (page 22.)

M. le Marquis de Gouvello fait ici une étrange confusion. Le département est une personne civile, une individualité parfaitement complète, une des 89 unités dont se compose la France. Il existe et se meut dans la sphère qui lui est propre sans le secours de personne.

Les Académies et les Divisions militaires ne sont que des circonscriptions administratives dont le maintien ou le déplacement sont subordonnés aux circonstances.

Il est vraiment par trop fort d'entendre taxer de maladroite la division actuelle en académies, en divisions militaires, etc., parce que cette organisation ne s'est pas adaptée exactement au cadre des anciennes provinces, comme s'il n'aurait pas été souverainement ridicule d'ériger une académie ou une division militaire pour telles des anciennes provinces, comme le Béarn et le comté de Foix, qui, chacune, ont formé, à grand peine un seul département.

L'ancien régime avait laissé subsister partout l'inégalité ; et c'est bien plutôt lui qui s'est vu condamné à maintenir une organisation dont il n'ignorait sans doute pas les vices, mais qu'il était impuissant à changer. Il existait, de province à province, des privilèges que la révolution a seule pu détruire. Après avoir fait table rase de ces privilèges, peut-il donc paraître surprenant que celle-ci ait cherché les moyens d'établir les divisions territoriales et les circonscriptions administratives, de la façon la plus rationnelle et en même temps la plus avantageuse pour la généralité des administrés. Selon les besoins reconnus, les mêmes départements qui se trouvent compris dans une seule circonscription académique, concourent à former deux ou trois circonscriptions militaires, et quelquefois beaucoup plus de conservations forestières.

Je demande bien pardon à M. le Marquis de Gouvello de la désillusion que je vais lui causer au sujet de l'organisation des conservations Forestières.

Il s'en trouve, *par hasard*, 32 en France. Trente-deux est pour lui un nombre fatidique. C'est celui des gouvernements ou provinces de l'ancien régime. Aussi à la page 23 de sa brochure n'ai-je été nullement surpris de lui entendre tenir le langage suivant :

« On s'étonne qu'il ne soit pas venu à la pensée des orga-
» nisateurs de ces régions d'en établir un nombre analogue
» à celui des gouvernements de l'ancienne monarchie, et

» d'imiter ainsi l'administration des Forêts qui compte *trente-*
» *deux* conservations. »

O bienheureuse administration forestière qui, seule entre toutes, avez pu trouver grâce devant M. le Marquis de Gouvello, souffrez que d'une main hardie je soulève pour un instant le voile qui recouvre aux yeux de ce réformateur les mystères de votre organisation !

Elles y sont bien les 32 conservations—Mais comme il s'en faut qu'elles correspondent aux anciennes provinces !

Celle qui a son siège à Douai comprend les départements de l'Aisne, du Nord, du Pas-de-Calais et de la Somme, soit quatre départements appartenant à un pareil nombre de Provinces.

La conservation d'Alençon comprend, indépendamment de la Sarthe et de la Mayenne, trois départements de l'ancienne Normandie, les deux autres formant à eux seuls une conservation.

Les quatre départements formés par l'ancienne province de Lorraine avaient chacun une conservation. Il en est ainsi pour la plupart des départements de l'Est. En raison des nombreuses forêts dont leurs territoires sont couverts, l'Administration a jugé sagement qu'elle y devait multiplier les conservations.

Ces exemples qu'il serait aisé d'accumuler, me paraissent établir d'une manière indiscutable que le nombre des conservations forestières n'est le résultat d'aucune combinaison ayant pour but d'établir une coïncidence quelconque avec la division de l'ancienne monarchie en provinces et en gouvernements. M. le Marquis de Gouvello en sera donc pour ses frais d'amabilité vis-à-vis de cette Administration.

Le même raisonnement est applicable aux circonscriptions des 22 divisions militaires et des 18 académies.

La pensée qui a présidé à la formation de ces circonscriptions est très-simple. Rompant sur ce point comme sur tant d'autres, avec les traditions de l'ancien régime, les Gouvernements qui se sont succédé depuis la révolution ont subordonné la délimitation des circonscriptions administratives aux besoins constatés du pays, et non plus aux intérêts d'un petit nombre.

C'est là sans doute ce qui leur vaut les violentes critiques de M. le Marquis de Gouvello.

En ce qui concerne la division, d'ailleurs assez récente, de là France en douze régions agricoles, je ne prétends pas que tout ait été pour le mieux dans le meilleur des mondes possibles. Mais le moyen d'arriver à la perfection n'était certes point de revenir au système préconisé par l'auteur. Ainsi que je l'ai fait remarquer plus haut, la diversité des races existe tout au moins quant aux animaux des espèces bovine et chevaline élevés dans les départements bretons. Il est impossible de faire concourir emsemble d'une part ceux du Finistère, des Côtes-du-Nord et du Morbihan, et de l'autre part ceux d'Ille-et-Vilaine et de la Loire-Inférieure.

Aux yeux de M. le Marquis de Gouvello, le département porte une tache originelle, comme étant issu de la révolution. Aussi le supprime-t-il d'un trait de plume. C'est vite fait.

Des deux raisons sur lesquelles il s'appuie pour réclamer cette suppression, l'une, le rétablissement de la Province, est déjà connue et jugée.

L'autre prend sa source dans les sympathies qu'inspirent à l'auteur les institutions prussiennes. Entre la commune et la province de l'empire d'outre-Rhin, l'intermédiaire obligé, (pardon lecteur pour ce nom aussi barbare qu'odieux) est le Kreis ou Cercle, qui correspond, paraît-il, à notre arrondissement (page 45).

Pour mon propre compte, j'avoue que je ne me sens pas plus attiré vers les institutions de l'ancienne monarchie française que vers celles de la Prusse féodale. En dehors des engins perfectionnés de destruction, et de l'organisation militaire, dont ils se sont servis pour nous mettre le pied sur la gorge, je ne me sens d'humeur à faire aucun emprunt à ces sauvages. Il ne manque pas d'autres peuples aux intitutions libérales, chez lesquels nous puissions aller chercher des modèles. Libre à M. le Marquis de Gouvello de penser autrement.

Il y a, dit-il, à la tête de chaque département un magistrat (page 28) « marchant sinon à la baguette, du moins à » la dépêche télégraphique, et ne devant avoir d'autre initiative que celle soufflée par le Maître ou par son Ministre », le Préfet, puisqu'il faut l'appeler par son nom, dont la démolition lui serait douce au cœur.

Sans mission aucune pour défendre les Préfets passés, présents et futurs, ce n'est pas aujourd'hui que je commencerai de gaieté de cœur à m'imposer cette tâche ingrate. Cependant je me permettrai de répondre que les Préfets, même ceux de l'Empire, valaient pour le moins, probablement, les Gouverneurs des anciennes provinces ; et puisque dans ses *Vues* M. le Marquis de Gouvello place des préfets à la tête de ses nouvelles provinces, il faut croire que ce personnage est un mal nécessaire. Qu'il se nomme Gouverneur ou Préfet, ce sera tout un. Dans l'un et l'autre cas son devoir lui commandera impérieusement de rester en communauté d'idées avec le Chef du Pouvoir exécutif. Il est vrai de dire que l'auteur parle de faire élire le Préfet par le Conseil provincial. Si l'on pense que l'idée soit pratique je ne demande pas mieux que de donner gain de cause à mon contradicteur. Mais qu'arrivera-t-il ? Dans telle province, le Conseil étant composé de républicains, choisira

pour Préfet un républicain. Dans telle autre, le choix se por-
tera sur un légitimiste. etc., etc. Il est facile d'apprécier les
conséquences d'un pareil système. De cette salade sortirait
un joli Gouvernement. Il faudrait que le Chef du Pouvoir
exécutif fût armé d'une bien puissante baguette pour faire
marcher droit tout ce monde. Des *Vues* comme celle-là me
paraissent jetées au vent de la publicité, avec pas mal de
légèreté de la part d'un aspirant au mandat législatiif.

Parmi les préfets auxquels M. le Marquis de Gouvello en
veut certainement le plus, il faut compter ceux « qui se sont
succédé depuis 30 ans dans le Morbihan, la Loire-Inférieure
et la Charente-Inférieure. » (page 29). Il prétend que c'est
par suite de leur ignorance crasse que la question des salines dût être soumise à une commission.

Cette question fort intéressante pour certaines populations
du littoral, a en effet été renvoyée devant une commission
d'enquête. Mais l'ignorance des Préfets n'a été absolument
pour rien dans cette suite donnée aux réclamations des propriétaires de salines et des paludiers de l'Ouest. Et d'abord,
il me sera permis de dlre que, plusieurs écrits d'une valeur
incontestable, parmi lesquels je citerai ceux de M. Dubois,
négociant à Vannes et de M. de la Rochette, de Nantes,
étaient venus jeter sur la question une lumière, à laquelle
on ne doit pas admettre sans preuve que les Préfets aient
voulu fermer les yeux. Je ne me souviens d'avoir vu à cette
époque aucun écrit de M. de Gouvello, qui pourtant paraît
n'en être pas à son coup d'essai comme publiciste. Il a
manqué là une belle occasion de prouver son zèle en faveur
du pays qui fut « le berceau de sa famille, » si tant est qu'il
possédât à fond la question.

La vérité est que la difficulté ne pouvait être résolue par
aucun des Préfets ci-dessus nommés ; pas même par les trois
ensemble.

Les demandes des propriétaires des marais salants de l'Ouest avaient été considérées comme une menace et par les actionnaires des mines de l'Est et par les propriétaires des salines du Midi. Entre ces intérêts rivaux, il fallait de toute nécessité un arbitrage, et c'est dans ces conditions que furent instituées deux commissions d'enquêtes, composées chacune d'un maître des requêtes au Conseil d'Etat, président, d'un inspecteur des finances, du président ou d'un membre délégué de la chambre de Commerce, du secrétaire général de la Préfecture. Ces commissions, à chacune desquelles furent adjoints un ingénieur des mines chargé de l'étude des procédés de fabrication, et d'un auditeur au conseil d'Etat, à titre de secrétaire, se transportèrent dans les trois régions, et y reçurent toutes les dépositions des intéressés, tant celles orales que celles écrites d'après un questionnaire préparé à l'avance. L'issue de l'enquête n'a pas été favorable aux salines de l'Ouest ; mais il est souverainement injuste, lorsque soi-même on n'a peut-être pas fait tout ce qu'on aurait dû, d'en rejeter la faute sur un Préfet. Quand on veut assommer son homme, au moins faut-il mieux choisir le pavé.

Je demanderai au lecteur la permission de laisser là MM. les Préfets ; je suis tout essoufflé d'avoir rompu une lance, ma première lance, en leur faveur.

L'auteur des vues reconnaît que la plupart des écrivains qui se sont occupés de la décentralisation ont fait le procès de l'arrondissement. Il cite l'un d'eux qui a dit : supprimer l'arrondissement qui ne répond à rien.

M. le Marquis de Gouvello se rangerait volontiers à cet avis ; mais soit lassitude d'avoir manié contre le département et les Préfets la pioche du démolisseur, soit tout autre motif, on le voit, après bien des hésitations, consentir à laisser vivre l'arrondissement, à la condition qu'il sera administré par un Sous-Préfet, sorte de landrath prussien.

Relevons en passant une grossière erreur dans laquelle il est tombé, lorsqu'il dit, en parlant de l'arrondissement, qu'il faut *le supprimer comme personne morale* et le conserver en tant que division administrative (page 42).

J'avais toujours cru que l'arrondissement, tel qu'il existe, n'avait aucunement le caractère d'une personne morale et que c'était une division purement administrative. Je demande à l'auteur de vouloir bien prouver le contraire.

Mais hâtons-nous d'arriver aux vues sur la Commune et le Canton.

Nous trouvons à la page 75 la définition la plus originale qu'on puisse imaginer. Je copie textuellement :

« La commune c'est la paroisse, la paroisse c'est le
» christianisme, le christianisme c'est la civilisation dans
» les Gaules. »

D'aucuns prétendent pourtant que la commune a existé dans les Gaules, sous le nom de municipe, pendant la domination romaine, antérieurement à l'introduction du christianisme.

Quoiqu'il en soit, les Conseils municipaux, surtout dans les communes rurales, ne sont pas en grande faveur près de M. le Marquis de Gouvello.

Il ne paraît pas d'avis d'élargir le cercle de leurs attributions.

Pour prouver « combien l'ignorance et l'aveuglement » sont parfois le fait des Conseils communaux » il cite les deux exemples suivants :

Dans une commune des Vosges, un Préfet a pris la peine de se rendre à une séance du Conseil municipal pour le déterminer à la construction d'une maison d'école.

Le Maire prend la parole, et, après avoir insisté sur le désir qu'avaient les pères de famille de conserver leurs enfants à la maison, conclut ainsi :

« Hé bien ! M. le Préfet, afin de vous prouver notre désir
» de vous être agréable, nous voterons les fonds demandés
» pour la construction d'une école, *à condition qu'on n'y*
» *apprendra ni à lire, ni à écrire.* »

Est–ce assez réussi ! ! !

Et cet autre exemple.

Mais non. Je vous entends, lecteur, me crier : assez, assez. C'est aussi mon avis. Seulement, je demande le nom de la commune, et, jusqu'à ce qu'il m'ait été donné, on me permettra de traiter de fable et de pure invention ce récit-là.

Certes il existe des gens simples parmi les conseillers municipaux des communes rurales, mais c'est les calomnier que de les assimiler à l'imbécille dont, je ne crains pas de l'affirmer, l'auteur n'a jamais vu l'original, même en peinture.

Au surplus, M. le Marquis de Gouvello, qui est homme de de précaution, a sous la main un remède de son invention, qu'il propose pour contrebalancer la bêtise des conseillers municipaux. Voici en quoi il consiste :

Les membres élus n'entreraient plus que pour moitié dans la composition du Conseil municipal ; les plus haut imposés formeraient de plein droit l'autre moitié. Et, comme si le topique ne lui paraissait pas suffisamment accentué, l'inventeur y ajoute cette aggravation, à savoir, que chacun des propriétaires, ainsi devenus conseillers par droit de fortune, aurait la faculté de déléguer ses pouvoirs à un mandataire qu'il désignerait au commencement de chaque année.

Il y a dans cette proposition, tout à la fois une profonde atteinte portée au principe électif, qui forme depuis tant d'années la base du système municipal, et une injure sanglante au bon sens des électeurs comme aussi à la capacité des éligibles. Son corollaire est en opposition flagrante avec tous les principes admis en matière d'assemblées délibérantes. On délègue un mandataire pour accomplir un acte, mais jamais pour prendre part à une délibération.

Il ne manquerait plus que cela. Dans les 3 ou 400 communes dans lesquelles il a l'avantage de posséder des propriétés, M. le Marquis de Gouvello pourrait donner, à un pareil nombre de régisseurs ou intendants, de fermiers, ou même de valets, délégation pour le représenter au sein des Conseils municipaux. Et il faudrait sans doute que les Conseillers élus se tinssent pour fort honorés de la présence de ces intrus.

Jusqu'où veut-on nous faire rétrograder, bon Dieu !

Et M. le Marquis de Gouvello, qui se dit libéral, ose signer une pareille proposition, voire même ce qui plus est, s'en proclamer l'inventeur !

Quelles raisons donne-t-il à l'appui ? voici :

« Ce système est conforme aux idées adoptées aujourd'hui
» en France pour les élections (?), et à celles mises en pra-
» tique dans les cercles allemands pour l'administration ter-
» ritoriale. » (Page 82)

Toujours les *cercles allemands*. Qu'ils aillent donc au diable ! ces maudits *Kreis*, qui me font l'effet de cercles vicieux.

Ecoutez bien le dernier § du chapitre, en manière de conclusion.

« On fournirait ainsi aux petites localités comme aux
» autres le moyen d'intéresser directement à leur direction
» des hommes expérimentés, impartiaux et capables de
» maintenir l'administration communale au niveau qu'elle
» doit toujours conserver. »

Je demande à M. le Marquis de Gouvello, de répondre aux questions suivantes :

Pourquoi plus expérimentés ?

Pourquoi plus impartiaux ?

Pourquoi plus capables, etc. ?

L'auteur des *Vues* croirait-il, par hasard, que la fortune fût une garantie suffisante d'expérience et surtout d'impartialité, pour que l'aristocratie de la fortune vînt de droit s'imposer à de braves gens qui, sans être des aigles, en savent généralement assez pour gérer très-convenablement les modestes intérêts de leur petite commune.

Allons, M. le Marquis, votre invention est désormais jugée. Vous pouvez la remporter en Prusse où elle vous vaudra peut-être quelque distinction, et d'où elle n'aurait jamais dû sortir.

On croirait sans doute qu'il ne reste plus à l'auteur des *vues* de traits à décocher contre les institutions municipales; mais il n'en est rien. On voit bien qu'il puise à un fonds inépuisable, et qui ne lui coûte rien.

Les Conseils municipaux des petites communes rurales sont composés d'incapables, et sont présidés par des maires plus imbécilles encore. C'est convenu, ou plutôt il l'affirme, presque d'un bout à l'autre de son chapitre VI, tout comme il l'avait déjà fait pressentir dans le chapitre V, consacré aux Conseils cantonaux.

Ce n'est pas assez, à ses yeux, d'avoir fait du Conseil municipal la réunion que nous savons, il lui faut annihiler complètement cette institution, la première et la plus indispensable de toutes.

Après tout, il est logique M. le Marquis de Gouvello. A une assemblée d'incapables, il faut un conseil judiciaire sans l'assistance duquel aucune résolution ne sera valable.

Or, dans les *Vues sur la réorganisation de la France*, le

principal rôle, je dirai presque l'unique rôle assigné aux conseils cantonaux est celui d'un censeur impitoyable.

« Il est certain, dit l'auteur, que les administrateurs mu-
» nicipaux hésiteraient bien plus à mettre en avant des idées
» fausses, des projets ridicules, ou à rejeter des propositions
» utiles, des plans avantageux, s'ils savaient que leurs dé-
» libérations seront examinées, discutées, peut-être modi-
» fiées par un Conseil composé d'hommes indépendants,
» connaissant leur commune, et pouvant apprécier les causes
» de leurs décisions. » (Page 63).

Et plus loin :

« *Toute* délibération d'un Conseil municipal doit être ap-
» prouvée par le Conseil cantonal pour être rendue exécu-
» toire. »

L'Empire, contre lequel la brochure ne tarit pas d'accu-
sations, dont plusieurs pour cause de despotisme, l'Empire a été cent fois, mille fois plus libéral que ne l'est M. le Marquis de Gouvello. Il a fait la loi du 24 juillet 1867, qui reconnaît aux Conseils municipaux un droit souverain, sans contrôle, sur un nombre considérable de questions, et qui sur la plupart des autres limite l'intervention de l'autorité préfectorale aux cas de désaccord entre le Conseil municipal et le Maire.

Voilà donc, de par une loi de l'Empire, promulguée par l'homme du 2 décembre et de Sédan, des assemblées qui viennent de conquérir leur indépendance à peu près complète, et l'on verra en 1871 un homme, sous le prétexte de faire une brochure et de parler de choses qu'il ne connaît pas, on le verra dis-je vouloir supprimer d'un seul coup ces libertés, en installant à la porte du Conseil municipal une sorte de censeur, cerbère impitoyable, qui aura le droit de mettre le nez partout. L'auteur des *vues* ne fait point d'exception ; il dit *toute* délibération.

C'est tellement rétrograde, tellement monstrueux, qu'il ne faut pas s'effrayer, outre mesure, de la menace.

D'ailleurs, un Conseil cantonal institué dans de telles conditions n'est pas un rouage pratique. Il faudrait de toute nécessité que ce Conseil judiciaire siégeât en permanence, pour se trouver prêt à examiner toutes les délibérations prises par les Conseils municipaux, non-seulement aux époques des sessions ordinaires, mais un peu à toute époque de l'année.

Je ne sais si je m'abuse, mais je crois avoir vengé le département et la commune d'un grand nombre d'attaques injustes, passionnées, et d'avoir réduit à leur juste valeur plus d'un projet dont l'esprit pouvait leur être préjudiciable.

Il me reste à traiter de quelques sujets particuliers qui se sont rencontrés, chemin faisant, sous la plume de l'auteur des *Vues*.

M. le Marquis de Gouvello s'est beaucoup occupé, dit-il, des questions qui se rattachent à l'assistance publique. Aussi est-il très versé sur ces matières. Il n'a donc garde de les oublier dans sa brochure. J'y relève (pages 10, 48, 66) les deux phrases suivantes, au sujet des enfants assistés.

« Une loi de 1811 réglementait entre autres l'éducation
» des enfants assistés. Elle confiait aux Conseils généraux,
» aux hospices, aux Sœurs de charité le soin de veiller sur
» ces pauvres orphelins. »

1ʳᵉ Observation. — Le décret loi du 19 janvier 1811, dont j'ai le texte sous les yeux, ne réglemente pas, *entre autres*, puisqu'il est spécial à l'éducation des enfants assistés.

2ᵉ Observation. — Ce même décret ne dit mot ni des Conseils généraux ni des Sœurs de charité, dont le nom n'est pas même prononcé.

Ce qui n'empêche pas l'auteur de la brochure de faire une charge à fond contre les gouvernements qui, à l'entendre, auraient réussi à enlever aux Sœurs de charité, contrairement au vœu de la loi, la direction locale des enfants assistés.

De sa part, est-ce ignorance au parti pris de dénigrement ?

Ailleurs (page 11), en parlant des inspecteurs *salariés*, auxquels l'auteur en veut tout naturellement, pour avoir pris la place qu'il *prétend* appartenir, de par la loi, ce qui est inexact, aux sœurs de charité, il dit que « non-seulement » ils ne parvinrent point à abaisser le chiffre de la mortalité, » mais qu'ils furent bien plus encore que les sœurs de cha- » rité, victimes de la duplicité et de la rouerie des per- » sonnes auxquelles ils confiaient leurs élèves. »

Je regrette fort de ne pas avoir en ma possession la statistique générale des enfants assistés en France. Ce document me permettrait, j'en ai la conviction, de prouver à l'auteur, d'une manière péremptoire, par des chiffres officiels, la fausseté de son assertion. Toutefois, si comme je le pense, on peut avec quelque certitude, conclure d'une fraction à l'ensemble d'un même service, je procéderai du connu à l'inconnu.

Dans le département du Morbihan, si je suis bien renseigné, les plus notables améliorations apportées dans le service des enfants assistés auraient eu pour point de départ, l'époque de la centralisation du service.

Voici notamment la proportion de la mortalité :

De 1846 à 1852. . . . . . . : . . . . 11.03 p. %

De 1853 à 1859. . . . . 8.02 %

De 1860 à 1866. . . . . 5.92 %

De 1867 à 1870 (malgré une épidémie de variole qui, pendant l'année 1867, a tué 1600 enfants dans le département du Morbihan). . . . . 5.07 %

On sait qu'en fait de preuves, rien n'est brutal comme un chiffre ; je n'en chercherai donc pas d'autres, et j'espère que M. le Marquis de Gouvello voudra bien se rectifier lui-même, sur ce point, dans la prochaine édition de sa brochure. Je suis prêt, au surplus, à lui concéder le bénéfice des circonstances atténuantes : il connaît si peu son Morbihan !

Il est un modeste fonctionnaire, objet tout particulier d'injustes attaques ; un pauvre diable qui éduque les enfants de la campagne, moyennant une faible rétribution. Il est si chétif qu'il ne peut même rendre dent pour dent. Aussi ne se prive-t-on pas de le vilipender, jusqu'au moment où son extermination sera un fait accompli.

J'ai parlé de l'instituteur.

Après avoir fait le panégirique des congrégations religieuses, M. le Marquis de Gouvello, car la louange finit par fatiguer l'auditoire le mieux disposé, éprouve le besoin de médire un tantinet. Au beau milieu d'une longue tirade sur les orphelinats agricoles, l'instituteur vient à point nommé, lui tomber sous la poigne. Il faut voir comme il comprend la mission de cet honnête pédagogne. Le lecteur en jugera par ce § emprunté à la page 55.

« Si parmi les élèves il se trouve quelques sujets supé-
» rieurs aux autres, il les *pousse* et s'efforce de les préparer
» à remplir un emploi dans des établissements de com-
» merce ou dans des administrations, chez des huissiers,
» des avoués ou des hommes d'affaires quelconques. Il leur
» souhaite d'en savoir assez pour pouvoir laisser dans leur
» chaumière la casquette, la blouse, les sabots, et aller
» prendre en ville le chapeau, la redingote et les souliers
» vernis. »

Quel crime abominable ! La mort du coupable ne serait pas trop, en vérité, pour expier un tel forfait !

Quoi ! un instituteur fidèle à sa mission, se sera permis de distinguer quelques sujets annonçant des dispositions supérieures, et de les *pousser*, pour développer les facultés intellectuelles dont le Créateur les a doués. Il aura osé chercher à exciter leur émulation, en montrant à leur jeune imagination, comme récompense de leur application à l'étude, une situation un peu meilleure. Il aura montré à l'enfant Dieu créant l'homme dénué de ressources et lui faisant une loi d'améliorer sa condition par son travail et son industrie.

Et il espère trouver miséricorde devant l'auteur des *Vues!*

Je voudrais bien savoir ce que M. le Marquis de Gouvello entend par ces *nobles ambitions*, pour lesquelles, c'est lui-même qui le dit à la page 8 de sa brochure, le département paraît un trop petit théâtre.

Il est absolument nécessaire que M. le Marquis s'explique catégoriquement. S'agit-il des *nobles ambitions*, ou bien seulement des *ambitions Nobles?* Les dernières seraient-elles seules permises ?

Il lui faut à M. de Gouvello, pour le moins, une province ! et si le fils d'un journalier agricole ose aspirer à quitter le village où souvent il n'a connu que la misère, devra-t-on lui crier aussitôt, sans tenir compte de ses aptitudes : Halte-là ! tu es un paysan. Tes pères sont restés attachés au sol. Tu resteras attaché indéfiniment à cette même place, sans qu'il te soit permis d'en sortir.

Si pareil raisonnement avait toujours prévalu, combien d'hommes éminents, sortis de la classe des laboureurs et qui ont illustré leur pays, dans les lettres sciences, les arts, les armes et la chaire, seraient restés comme autant de trésors enfouis au grand préjudice de la société tout entière.

Voilà pourtant à quelles déplorables conséquences nous mèneraient fatalement les principes dont M. le Marquis de Gouvello s'est fait le champon !

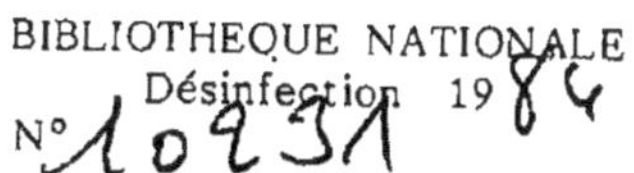

Je n'en finirais pas, si je voulais relever, une à une, pour les mettre à nu, toutes les idées radicalement fausses qui fourmillent dans cette petite brochure.

Au début, j'avais le projet de présenter un travail de réfutation plus complet.

Il n'aurait pas été sans intérêt d'opposer, le décolleté des toilettes de la Cour, sous l'ancienne monarchie, à celui que l'auteur des *Vues* n'a pas manqué de reprocher à l'Empire.

Je regrette de n'avoir ni le temps ni la place d'analyser l'odyssée vraiment lamentable de cette commune innommée, qui resta douze années en instance pour obtenir l'autorisation de construire un abattoir. Je me serais fait fort de prouver, contrairement à l'opinion émise dans la brochure, que cet exemple, qui pourrait servir de pendant à l'historiette des Vosges, ne prouve absolument rien contre la centralisation et que, dans le cas rapporté, l'administration supérieure avait agi sagement et dans l'intérêt bien entendu de la commune en question.

Je n'abuserai pas davantage de la patience du lecteur.

Et puis, il faut garder quelque chose pour plus tard, en admettant que M. le Marquis de Gouvello daigne me faire l'honneur d'une réponse.

Ce que j'ai dit suffit, si je ne me trompe, pour bien renseigner mes concitoyens sur la valeur des théories développées dans sa brochure, ainsi que sur la légèreté de son bagage en fait de connaissances administratives.

Les mots de libéralisme et de décentralisation, fréquemment employés par l'auteur, dans ses *Vues sur la réorganisation de la France*, ont pu donner le change à quelques lecteurs de bonne foi. Mais pour peu qu'on veuille gratter cette enveloppe trompeuse, on ne tarde pas à découvrir le caractère foncièrement rétrograde des principes.

Z.

28 Juin 1871.

Vannes. — Imp. G. de Lamarzelle.